An der Gürtellinie

Gute-Laune Gedichte

Bibliografische Information der Deutschen Nationalbibliothek:
Die Deutsche Nationalbibliothek verzeichnet diese Publikation in der Deutschen Nationalbibliografie; detaillierte bibliografische Daten sind im Internet über http://dnb.d-nb.de abrufbar.

1. Auflage 2015
© 2015 Udo Rolshoven
Alle Rechte vorbehalten.
Umsetzung: Lars Rolshoven
Herstellung und Verlag:
BoD - Books on Demand, Norderstedt

Printed in Germany
ISBN: 978-3-7347-5404-3

Prolog

Diesem Gedichtband liegt die gesamte Palette zwischen Tiefsinn und Schwachsinn zugrunde.
Wahnsinn und Genie reichen sich immer wieder die Hand.
Angedeuteter Witz und versteckte Ironie lassen das Gesamtwerk sehr unterhaltsam wirken.
Sie werden fragen: Wo nimmt er seine Ideen her?

Es wiederholt sich jeden Morgen.
Gerade erwacht von meinem Schönheitsschlaf, den ersten Kaffee eingegossen, finde ich mich im Badezimmer wieder. Zur Gewichtsregulierung den Hintern auf der Brille, die erste Fluppe zwischen den Fingern, und den Kaffee auf der Waschmaschine, lege ich los. Da geht schon ganz gut was ab.

Der Tag ist noch jungfräulich, und der Kopf noch frei.
Doch nicht mehr lange.
Während sich der Magen entleert, füllt sich der Kopf mit Unmengen an Gedanken ….
Da ist dann alles dabei: Vom sentimentalen Tiefgang bis hin zum „geistigen Dünnschiss".

In Reimform hört das sich so an:

**Morgens sitze ich am Klo,
geh' geistig auf Reise.
Und was dabei rauskommt
ist meistens nur Scheiße!**

Allerdings wird sich bei Weitem nicht alles, was ich morgens so „ablaiche", auf Maschinenpapier wiederfinden!
Jedoch werden jene Gedanken immer wieder mal aufgegriffen ….

Ein selten blödes Gedicht!

Zur Gattin sprach der Gatterich:
Nur dich allein begatte ich.

Die Gattin drauf zum Gatten:
Begatt' mich mal im Garten!

Im Garten dich begatt ich nicht,
erwiderte der Gatterich.

Ich könnt zu schnell ermatten,
das schadet meinem Harten!

Die Gattin dann zum Gatterich:
Nun krieg mal keinen Flatterich!

Begatte mich im Garten,
dass kann ich wohl erwarten!

Zu guter letzt stellte sich heraus,
... das war nicht zu erwarten,
bei ihrem kleinen Reihenhaus,
da gabs gar keinen Garten ! ! !

Limerick

Die zerstreute Irma aus Essen
hatte morgens ihre Zähne vergessen.

So lachte die Firma
über die zahnlose Irma.

Die Kollegen waren von ihr besessen!

Um 9 Uhr in der Pause
fuhr die Irma nach Hause.

Sie suchte ihre Beißer,
ihr Atem war heißer

... und fand sie dann in der Brause!

Als sie wieder im Betrieb war,
etwas später als ihr lieb war

hatte sie doch glatt vergessen
einen kleinen Happen zu essen.

Weil ihr Gedächtnis ein Sieb war ! ! !

Samstag

Samstag morgen, viertel nach Sieben.
Ach, wär ich bloß im Bett geblieben!

Ich hole mir erst mal einen Runter.
Doch davon werd' ich auch nicht munter!

Am Tisch steht n' halbes Glas Bier und stinkt.
Worin eine Mücke zappelt, die gerade ertrinkt!

Minuten drauf werd' ich nun kecker.
Ich raffe mich auf und gehe zum Bäcker!

Ich bestelle 2 Schössjen und 'ne Stange Baguette.
Die Verkäuferin ist üppig, selbst ihre Haare sind fett!

Als ich heim komm', setz ich mich gleich wieder hin,
weil ich ja kein Hochleistungssportler bin!

Ich trinke das Bier, was noch immer am Tisch ist.
Wer weiß, ob die Mücke morgen noch frisch ist!

Nun ist es an der Zeit, meine Freundin zu wecken.
Die soll in der Küche die Eier abschrecken!

Sie nuschelt so etwas wie guten Morgen und so …
und verschwindet anschließend sofort auf 'm Klo!

Ich koche Kaffee und schneide die Schössjen.
Wenn die Chefin vom Klo kommt, braucht sie ein Fressjen!

Ich streich mit dem Kamm ein paar Kreise in die Butter,
besinne mich dann, und lobpreise mein Futter!

Direkt nach dem Frühstück will s i e mich vernaschen.
Doch ich muss erst ins Bad, um mein Gehänge zu waschen!

Was im Bett dann geschieht, dass lässt sich vermuten.
Sie will das volle Programm, die ganzen drei Minuten!

Hinterher sagt sie dann: Du warst gar nicht schlecht.
Ich stimme dem zu, und gebe ihr Recht!

Doch anschließend sagt sie dann zu mir:
Morgens die Pflicht und abends die Kür!

Au weia, denk' ich, die will heut' noch mehr.
Jetzt brauche ich erst mal 'nen Eierlikör!

Nun ist es schon 12, wir denken nicht mehr ans Poppen.
Das Cabrio fährt uns nach Koblenz zum shoppen!

Wir stehen im Kaufhof und begutachten die Waren.
Ich verlier' die Kontrolle und lass einen Fahren!

Meine Freundin meint: Wenn du weiter so brunst,
dann haben wir den Laden in 10 Minuten für uns!

Sie fragt, was ich brauche, ich sag': Ein paar Socke.
Zur Not tuts aber auch eine Käseglocke!

Hier gibt's auch Autogramme von einem Biathlet.
Ich frag, ob er auf Männer und auf Frauen steht!

Bei C&A vor der Tür sitzt ein Mann auf dem Weg,
der hat sich seit Minuten nicht mehr bewegt!

Sein Haar ist verweht, er faltet die Hände.
Vor ihm liegt ein Hut, worauf steht: Eine Spende!

Ich denke, dass ist aber nett von dem Mann,
und nehme die Spende gerne an!

Sein Kopf wird nun rot, sein Hals ist geschwollen.
Ich hätte wohl auch den Hut nehmen sollen!

Wir gehen in die Nordsee ..., ein jeder bestellt sich.
Sie etwas Scholle und ich einen Schellfisch!

Wieder zurück am Auto sag ich zu meiner Ollen:
Ich glaub, wir haben am Scheibenwischer 'nen Knollen!

Sie versteht das verkehrt und lässt mich dann wissen:
Uns hat sicher ein Vogel auf die Scheibe geschissen!

Ich hole am Kiosk für Madame noch paar Keks.
Und für mich einen Flachmann für unterwegs!

Auf 'm Heimweg rennt ein Hase die Fahrbahn hinab.
Ich fahr extra zickzack, doch er entkommt mir ganz knapp!

Mit 'ner Kelle in der Hand stoppt uns ein Wachmann.
Ich reagiere sofort, und verstecke den Flachmann.

An meiner Fahrertür kommt der Polizist zum stehn,
und will unter Anderem meinen Führerschein sehn!

Das ist nicht ihr ernst, entfährt es mir soeben.
Den hab ich doch schon vor Wochen ihren Kollegen
gegeben!

Ich sage: Das ist ja allerhand. Ihr habt meinen Führerschein
doch wohl nicht verschlampt?

Darauf meint er: Getrunken haben sie wohl auch?
Nur das Nötigste, sag ich, was der Körper so braucht!

So …. meint er abschließend, sie können nun gehn.
Das Auto bleibt allerdings erstmal hier stehn!

Ich sag zu meiner Flamme: Was für ein Idiot.
Der Wagen steht doch im Halteverbot!

Auf Schusters Rappen wollen wir heim,
und kehren unterwegs noch im Supermarkt ein!

Ich greif nach ner Dose passierte Tomaten,
und renne gleich los, um mich zu beraten!

Ich frage die Frau, die vorne kassiert:
Was ist denn mit den Tomaten passiert?

Nun ja … sagt die Kassiererin, im Grunde eigentlich nix
… Dann schreiben die so einen Scheiß auf die Büchs!

Nun kommt auch mein Frauche an der Kasse an.
Sie schleift 'n Pfund Möhren fürs Abendbrot ran!

Doch ich mag kein Gemüs' und auch keine Supp',
wir dinieren heut' Abend beim Curry-Jupp!

Ich kauf noch 'n Doornkaat dann ziehen wir weiter.
Der Himmel ist bewölkt, unsere Stimmung ist heiter!

Wenig später sind wir wieder zu Hause dann.
Ich renn gleich zur Glotze, die Sportschau fängt an!

Ich greif die Vuvuzela und mein Fähnchen zum Winken.
Mein Schatzi schafft Bier ran, ich muss ja was trinken!

Ich hupe, ich winke, manchmal ärger ich mich.
Und trete ausversehen gegen den Auszieh-Tisch!

Ich rufe: Der Auszieh-Tisch muss hier raus,
ich ziehe mich ja sowieso auf der Bettkante aus!

Fragend höre ich es aus der Küche hallen:
Ey Süßer, sind denn schon Tore gefallen?

Ich antworte: Tore, die fallen hier noch und noch …
Nur die Tore selber, die stehen noch!

Nach der Sportschau sag ich: So lass uns vereisen.
Wir wollen doch beim Jupp im Gourmet-Tempel speisen!

Meine Maus ruft ein Taxi, und mich ruft der Klo.
Es ist mal wieder Zeit für 'ne Sitzung und so!

Als sie fragt, wo ich bleibe, will ich sie erschrecken.
Ich sage: Ich muss noch die Schüssel auslecken!

Das Taxi fährt uns direkt vor die Tür.
Ich gebe kein Trinkgeld, dass brauch ich für Bier!

Ich ess eine Curry …, die Wurst ist sehr heiß.
Meine Puppe gönnt sich 'ne Pommes rot/weiß!

Ein farbiger Emigrant verkauft Rosen hier.
Ich geb ihm meine Hand und 'n Dosenbier!

Mein Schatz möchte noch auf ne Ü30 Party heut.
Ich sag: Was soll ich denn bei den jungen Leut?

Sie meint, sie möcht tanze, ihre Füß täten jucke,
doch ich möcht eigentlich Schaufenster gucke!

Kurz vor Mitternacht kommen wir dann heim,
ich kipp mir noch 'nen Kurzen rein!

Madame möcht mal La Paloma ...,
doch ich leg mich hin und fall ins Koma ! ! !

Der Kakadu !

Einst flog ein schwuler Kakadu
allein auf einen Acker zu.
Gott weiß, was er wohl dort erforst.
Ach ja ..., er suchte seinen Horst!

Auf einem Baum, da saß ein Specht.
Dem war der Kakadu nicht recht.
Deshalb rief er zum Kakadu:
Mach dich bloß vom Acker, du!

Ne läppische Woche

Zur' Weihnacht schenkte man mir vereint
'ne Woche Lappland ... gut gemeint!

Ne ganze Woche bei den Lappen,
und ich brauchte nix berappen!

Die Lappen waren mir ja bekannt.
Die hat man schon mal in der Hand!

Sind Lappen manchmal auch von Sinnen,
von Haus aus sind sie alle Finnen!

Lange Rede, kurzer Sinn,
ich stieg ins Auto und fuhr hin.

Die Sonne schien sehr selten da,
ich musste öfter frieren.
So fragte ich die Lappenschar,
ob sie sich noch Ren-Tieren!

Ich folgte ihren bunten Sitten,
und fuhr 'ne Runde Hundeschlitten.
Die Huskys waren voll im Saft,
und ich war hinterher geschafft!

Dann lud man mich zum Grillen ein.
Natürlich sagte ich nicht nein.
Es gab 'nen Happen auf die Hand,
die Lappen hingen an der Wand!

Da war 'ne Lappenfrau vor Ort,
ihr Name war Amalie.
Ich hatte jedoch mein eigenes Wort,
ich nannte sie Lapalie!

Wir liebten uns nach ein paar Bier,
ich konnt' nach Luft kaum schnappen.
Anschließend sagte sie zu mir:
Ich sei ein Jammerlappen!

Nun ja ... so wars im Lappenland,
ich hatt' wohl keinen rechten Stand!

Eine Erfahrung reicher fuhr ich dann
wieder nach Hause irgendwann ! ! !

<u>Die Fliege !</u>

Es saß ne Fliege an der Wand.
Ihren Namen hab ich nicht gekannt.
Da kam plötzlich wie hirnverbrannt
ne riesen Spinne angerannt.
Und riss die mir so liebe Mücke
sofort in viele kleine Stücke.

Nun werde ich wohl auch in Jahren
ihren Namen nicht erfahren.

Walter, der Falter!

Dies' ist die Story von Walter, dem Falter!

Wie immer irrte Walter stumm
an einer Fensterscheibe rum.

Ständig flog er gegen das Glas.
Ja, das machte Heidenspaß!

Er war kein bunter Schmetterling,
der an der Blume Blätter hing.
War nur ein brauner Falter,
halt eben jener Walter!

An einem Abend, so gegen Zehn,
da sollte schreckliches gescheh'n:

Er spielte, wie im Winter immer
im gut beheizten Kinderzimmer.

Hier traf er Lotte, seine Freundin die Motte!

Lotte hatte ihn geladen
zu schmackhaftem Pulloverfaden.

Zum Nachtisch gabs zwei alte Socken,
recht lieblich, doch am Gaumen trocken!

Als die Beiden da so saßen
und Löcher in die Socken fraßen,
kam eine große Fliegenklatsche
und machte unser Paar zu Matsche!

Wo eben noch der Kleider Raub
war nun nur noch der beider Staub!

So fanden sie zu Gotte,
der Walter und die Lotte ... !

Die Jung - Frau!

Das jungfräuliche Frl. Rosel
hatte 'ne Laube an der Mosel.

An einem Wochenend' im Mai
wars mit der Mädchenzeit vorbei.

Des abends bei'nem Reigenkranze
bat der Rainer sie zum Tanze.

Später fragte er, ob sie denn möchte,
dass er sie nach Hause brächte.

Als er sie dann wirklich brachte,
ging er sogleich ans Eingemachte!

Da sagte sie zu Rainer:
Sie sind mir aber Einer!

So kam die Rosel unter die Haube.
Vereinsamt ist derweil die Laube!

Limerick!

Frau Hohenscheid aus Brakel,
die hat so manchen Makel.

So führt sie ihren Mann, den Klaus
nur mit der Hundeleine aus.

... für Klausi ein Debakel!

Fischzeit!

Paulinchen in der Küche saß
und frisch gekochte Fische aß.

Dazu ein Glas Burgunder,
das spült die Gräten runter.

Da kam auch ihre Mutter heim.
Sie arbeitet im Altenheim.

Paulinchen sagte: Olle,
probier mal von der Scholle!

Danach rief sie: Landunter:
Jetzt wirkte der Burgunder!

Senioren - Disco

Zur Ü - 30 - Party aufn' Dämmerschoppen,
und hinterher zum Restepoppen.

So hatte ich es mir gedacht,
und ich habs auch so gemacht!

Das Publikum, oh Sakrament ...
durch die Bank nur Second Hand!

Selbst den ärgsten Ehekrüppeln
bietet sich hier was zum Knüppeln!

Die Mitesser gut wegtouchiert,
flirtet es sich ganz ungeniert!

Die alte Jeans eng um die Hüften,
dann gehn die Rettungsringe stiften!

Hier find' ich mich nun also wieder,
der Diskothek für Koma - Glieder!

Helga ... geschieden ... Anfang Vierzig,
gibt sich heut' noch einmal würzig!

Obenrum gut aufgepfropft ...
was sie sonst mit in die Hose stopft!

Paule ... Geschäftsmann mit Niveau
folgt der Roswitha auf den Klo!

Die Doppelkinne von der Greta
verwirrn die Sinne von Hans-Peter!

Vorne, an der Eingangstür,
winkt nun die Edeltraud zu mir.

Die habe ich mal von hinte' gerissen,
dabei hat sie mir auf die Flinte geschissen!

Rechts von mir erkenn' ich Jutta,
verdammt, die ist noch gut im Futter!

Glatt könnt ich mich in die vergucken,
doch s i e schenkt mir nicht mal ein Zucken!

Wen sehe ich da an der Bar?
Es ist der Karl, was macht der da?

Mariacron ... ne volle Flasche
und das Kondom schon in der Tasche!

Die Nachbarin, sie lacht so sehr,
vielleicht geht heute Nacht noch mehr ...!

Gudrun holt dem wirren Gunter
voller Freude einen ... Jägermeister!

Hinten ... fern ... erkenn' ich Astrid,
die früher gern auf meinem Ast ritt!

Nun seh ich wieder die Roswita,
inzwischen steht sie auf Anita!

Gern lacht ich mir die Moni an,
doch die ist grad an Toni dran!

Ellen, Heribert und Klaus
holen das letzte aus sich raus!

Los Ketchup laufen am Plattenteller,
nun saufen auch die Fregatten schneller!

Dann hat auch mich der Fön getroffen,
ich hab mir eine schön gesoffen!

Als ich wach werd' am nächsten Tag so um Vier,
liegt da eine betagte Frau neben mir!

Die spricht mich ständig mit Jesus an.
Ich fragte Sie: Was soll das dann?

Nun ja, sagte sie, ganz ohne Spott:
Du hast gebumst wie ein junger Gott!

Ich sage: Danke ... und mir wird gerade heiß.
Ich denke: Schade, dass ich davon nix mehr weiß ! ! !

Ab 14 Uhr warme Berliner!

Bei Thilmann, einem Bäcker-Riesen
wurden warme Berliner angepriesen!

Thomas (der wohl anders war)
der fragte: Sind die Jungs schon da?

Senioren!

Ein Sonnenstrahl macht noch kein Sommer,
sagt der Opa zu der Omma!

Dann steckt er seinen Härtefall
wieder in den Hosenstall!

Die Oma darauf: Du armer Thor.
Vielleicht kommt sowas nie mehr vor?!

Komm, hol dein Dingen nochmal raus,
dann machen wir das Beste draus!

Der Opa drauf kleinlaut zur Oma:
Das Dingen liegt wieder im Koma.

Was brauchen wir auch das schlaffe Schwänzjen.
Wir gehn doch gleich zum Kaffee-Kränzjen.

Das Gretchen

Gretchen aus der DDR
hatte noch nie Geschlechtsverkehr.

Dann öffnete sich die Mauer.
Nun liegt sie auf der Lauer.

... vielleicht kommt ja ein Hecht daher!

Oster-Sonntag!

Sonntag morgen, kur vor halb Zehn.
Durch die Ritzen im Rollo ist der Tag schon zu sehn!

Ich schleiche ins Bad ... kontrollier mein Visier,
da steht im Spiegel ein Fremder vor mir!

Ich denke noch kurz, ich kenne dich nicht,
nun ja ... egal, ich wasch dein Gesicht!

Dann dreh ich meinen Slip von vorne nach hinten,
so ändert sich gleich mein Wohlbefinden!

Ich weck' meine Olle ..., sie riecht wie besessen.
Die hat gestern eine Knoblauchknolle gegessen!

Als Allererstes sagt meine Rose:
Du trägst ja 'ne neue Unterhose!

Ich antworte ganz ungeniert:
Die Andere wurde wegoperiert!

Worauf sie dann meint, du bist mir ein Lümmel.
Ich dachte schon, mein Hengst hätte Schimmel!

In ihren Augen ist ein Leuchten zu sehen.
Sie möchte nun gern den großen Watzmann sehn.

Jedoch es ist Zeit um aufzustehen!

Wir frühstücken auswärts,
es ist schließlich Ostern.
In der Kirche gibts heute die Hostien aus Toastern!

Ich wackel mit 'm Schwänzjen
und freu mich wie Waldi.
Dazu noch ein Tänzjen,
heute gibts Messwein vom Aldi!

In der Kirche seh ich den Günter
und denke oh weh,
der pinkelt doch im Winter
immer seinen Namen in den Schnee!

Seine Frau, die heißt Carmen,
... Günter kennt sie schon lange.
Pinkelt e r seinen Namen,
hält s i e ihm die Stange.

Neben mir kniet die Suse,
die hat große Brüste.
Ich schau in ihre die Bluse,
und kriege Gelüste!

Im Grunde ist das nun alles egal.
Der Pfaffe hebt den Messwein ... das ist mein Signal!

Ich stürme nach vorne, fast wie ein Elch.
Schubs den Pfarrer beiseite und entleere den Kelch!

Ich rülpse und rufe: Herr Pfarrer, nur Mut.
Sind denn eigentlich die Hostien schon gut?
Der Pfaffe droht, zur Polizei zu laufen.
Doch ich kann auch in der Sakristei weiter saufen!

Der Pfarrer kratzt sich am Kinn,
die Messe geht weiter.
Ich gucke nicht hin,
doch meine Stimmung ist heiter!

Am Ende gibt er uns alle den Segen.
Mit anderen Worten: Wir müssen raus in den Regen!

Zu allem bereit, sagt dann mein Frauchen:
Es ist an der Zeit, Ostergeschenke zu tauschen!

Ich öffne meine Hose
und sag, schau mal her.
Für dich meine Rose
gibts heut' Eierlikör!

Fortan verbringen wir das Fest
nur noch in unserem Osternest ! ! !

... neues von Gretchen

Gretchen hat nun einen Mann,
der nur im Sitzen pinkeln kann.

Er sagte ihr soeben:
Ich darf nicht so schwer heben

... was man ja auch verstehen kann.

Die IKEA - Blockhütte

In einem Blockhaus von Ikea
traf ich mich mit der Andrea!

Andrea war ja so sensibel.
Jedoch am Blockhaus fehlten Dübel!

Leider kam's nicht zur Empfängnis.
Die Hütte wurd' uns zum Verhängnis!

Als wir uns grade näherkamen,
soeben wollt' ich sie umarmen ...,
da stürzten schon die langen Balken,
ich konnte kaum die Stange halten!

Laut schreiend rannten wir ans Licht
zu Tulpen und Vergissmeinnicht!

Noch heute denk' ich voller Graus
an das IKEA - Musterhaus!

Andrea ist für mich nicht Jede!
Doch dieses Blockhaus ... alter Schwede!

Kleiner Zungenbrecher!

Christo verpackte
die Bäum' die so nackte.
Anschließend im Bistro
der Christo versackte!

Jedem das Seine!

Zu ihrem Mann sprach einst Frau Blum:
Ich würds gern mal mit offenem Fenster tun.

Na klar, sprach ihr Mann und musste lachen.
Sicher kannst du es mit offenen Fenster machen.

Jedoch ist mir das nicht einerlei.
Denn <u>ich</u> wäre gerne <u>auch</u> dabei!

Beim Arzt!

Eine Frau ging zum Doktor
um sich zu beraten.
Dort frage sie jenen,
ob sie mit Durchfall kann baden?

Mit Durchfall baden,
das ist sicher toll.
Ich hoffe, sie kriegen
die Wanne auch voll!

Frl. Schmitz!

Da war einmal das Fräulein Schmitz.
Die Frau hat jede Nacht geschwitzt.

Sie ging zum Arzt, zum Psychologen.
Zur Therapie beim Urologen.

Beim Herrnfrisör zu den Rasierern,
den anonymen Transpirierern.

Sie rannte eigentlich überall hin,
sogar zur Avon-Beraterin.

Selbst Joga, autogenes Sitzen,
die Schmitz war weiterhin am Schwitzen.

Zu guter letzt stellte sich raus:
Sie zog nie den Pullover aus!

... neues von Gretchen

Gretchens Mann, der schafft bei Audi.
Die machen abends schon mal Gaudi.

Dann tut er nachts das Gretchen wecken,
um noch einen wegzustecken.

... er ist nun mal ein Raudi!

Begegnung!

Ich saß bei den Fichten
und wollte was dichten.

Da kam eine Dame.
Sie sagte: Rosie, mein Name!

Ich sprach: Hallo Rosi,
was machen sie so, sie?!

Ich steh hier nur dumm
bei den Fichten herum!

Sie war Anfang Vierzig,
blonde Haare, sehr würzig!

Sie gab mir ganz trendy,
ihre Nummer vom Handy.

Dann sagte sie heiter:
Ich muss leider weiter!

Nie vergesse ich die Rosi.
... sie gefiel mir ja so, sie ! ! !

Orientaler Vierzeiler!

Scheich Abdul hatte zehn Gewänder.
Und sieben Frau'n, doch keinen Ständer.

Jedoch Scheich Abdul blieb ganz cool,
hing seine Kleider übern Stuhl!

Limericks!

Gerlinde aus dem Friesenland
hatte einen fiesen Stand.

Ihr Mann, der Jan, war stets auf See.
Bei Ebbe, Flut ... ja auch bei Schnee.

... bis sie dann einen andern fand!

Die Eva Maria aus Speyer,
die wohnte direkt an 'nem Weiher.

So gabs täglich frisch
'ne Forelle zu Tisch.

... dazu servierte sie Eier!

Im Tierpark !

Ein Affe und ein Pony,
die spielten gerne Rommé.
Die beiden hatten noch ein Laster,
ihre Vorliebe für Canasta.
Da kam plötzlich ein Känguru,
und schaut' den beiden dabei zu.
Das fand die Spiele ziemlich fad',
... nun kloppen sie zusammen Skat!

Harry Potenza!

Mein alter Nachbar Harry Lenz
hatte ein Problem mit der Potenz!

Nun rannte Harry sozusagen
zu seinem Arzt, um nachzufragen.

Der meinte: Das ist schnell vergessen.
Sie müssen Butterbrote essen!

Der Harry dachte, oh wie lecker.
Und rannte gleich zum nächsten Bäcker!

Vier Brote bestellte er sich dort.
Dann kam die Bäckerin zu Wort:
Von soviel Brot werden sie nicht nur satt,
Da wird Ihnen die Hälfte hart!

Die Hälfte nur, dachte der Harry nu'
und bestellte vier Brote noch dazu ! ! !

... neues von Gretchen

Gretchen hat nun einen Sohn.
Steißgeburt ..., der Liebe Lohn.

Er wurde eingeschult soeben,
mag die Liebe und das Leben.

... mit Sieben onaniert er schon!

Grillfest!

In unserer Straße wohnt auch der Peter.
Hat 'nen Hund namens Dietmar, was für ein Köter!

Der Peter ist liiert mit Rebecca.
Selbige ..., Halbtagskraft unten beim Bäcker!

Zwei gelungene Kinder, die sich vorbildlich führen.
Zu Weihnacht im Winter kommen Oma und Opa
aus Düren!

Nebenan wohnen Heimanns, er Prolo, sie Schlampe.
Ein Hund namens Golo, und beide 'ne Wampe.

Missratener Sohn, ein ganz harter Knochen,
hat mit 15 die Grundschule abgebrochen!

Gegenüber Fam. Dödel ... er Steinbock, sie Fisch.
Er geht ins Büro und sie auf den Strich!

Wie jedes Jahr treffe ich sie und den Rest
zu einem amüsanten Straßenfest!

Ich bediene den Grill, und frage den Peter:
Wo ist denn der Dietmar, dein niedlicher Köter?

Der hat letztes Jahr, wir ihr noch wisst
kurz vor dem Essen die Glut ausgepisst!

Die Heimanns meinen, ob so oder so ...
wir fressen das Fleisch zur Not auch roh!

Darauf der Herr Dödel, ich sage euch gleich:
Ich mag dieses Jahr kein uriniertes Fleisch!

Seine Frau hebt den Rock, ich komme ins Kochen.
Nun ja ... ich grille ja auch ununterbrochen!

Rebecca bringt Teilchen ..., Pudding und Schnecken.
Ich denke für ein Weilchen, ich könnte grad mal lecken!

Ich wende die Steaks und mache mir leicht Sorgen.
Die Heimanns saufen, als gäb' es kein Morgen!

Da kommen auch Hansens ... pünktlich zum Essen.
"Sie hätten doch fast das Grillen vergessen!?"

Der Hansen kennt die Welt,
seine Frau nur den Zoo.

Er macht beruflich in Geld,
s i e macht in den Klo!

Nun hör ich Rebecca und Peter kichern,
Der Hansen wollt' den Heimanns mal die Wampen versichern!

Jedoch 'ne Versicherung wollten sie keine.
Hansen hält auch Aktien für Hängebauch-Schweine!

Da kommt Heimanns "Knochen", verfolgt von den Bullen.
Seine Füße, die kochen ... er braucht dringend Stullen.

Ich sag: Wir haben hier Teilchen,
die werden dir schmecken.
Doch wart' noch ein Weilchen
... daran ist Dietmar am Lecken!

Er will den Hund überlisten,
denn er hat keine Zeit.
Schon sind die Polizisten zum Zugriff bereit!

Nun wird die Lage langsam beschissen.
Golo hat in Rage 'nen Polizisten gebissen!

Ich gebe den Bullen ein Steak und 'n Brötchen.
Ich mach auf bewegt ... und Golo gibt Pfötchen!

Das Grillfest geht weiter,
die Stimmung ist groß,
alle sind heiter.
Hier ist immer was los!

Der Alkohol enthemmt, alle fühlen sich frei.
Nun geht das los mit der Fremdgeherei!

Schon haben sich einige zum Knödeln gefunden.
Vor allem Frau Dödel macht heute Überstunden!

Rebecca singt Lieder ...
spielt Hansen am Schwänzjen.

Uns sie ruft immer wieder:
Wo i s t denn das Hänsjen?

Inspiriert von der Sause
sag' ich zum Frauchen:
Komm, wir gehn nach Hause
um Säfte zu tauschen!!!

Episode aus der Kindheit!

Früher, als ich noch sehr klein war
hatten meine Eltern immer Wein da!

Eines Tages ham' se mich in den Keller verbannt,
da viel mir 'ne Flasche Rosé in die Hand!

Zuerst habe ich mal neugierig genippt
und mir dann die ganze Flasche rein gekippt!

Am Tag darauf rief meine Mutter vor Schreck:
"Der liebliche halbrote Ahr-Schlecker ist weg!"

Mein Antlitz wurde sofort heller.
Man schickt mich ja auch nicht in den Keller ! !

Der perfekte Morgen!

Der Morgenschiss kam wie so oft,
doch ganz gewiss nicht unverhofft!

Ein Frühstücksbrot, ein Schluck Kaffee.
Nun ja ..., zur Not tut es auch Tee!

Ne Prise Schnee noch für die Nüstern,
wie ich das seh, werd' ich heut lüstern!

Limerick!

Hildegard aus Salzgitter,
die spielte so schön auf der Zither.

Morgens früh am Balkon,
da hörte man sie schon.

Es sei denn, es war grad Gewitter!

Hans-Hubert, ihr Gatte,
der 'ne Haftpflichtversicherung hatte

verfolgte ihr Treiben.
Oft zersplitterten Scheiben.

Die Versicherung stand dann auf der Matte ! ! !

... neues von Gretchen!

Das Gretchen geht auch schon mal fremd.
Mit einem Mann, den sie gut kennt.

Dem hilft sie gerne aus dem Frack,
und spielt dann "Knüppel aus dem Sack".

... da ist das Gretchen ganz enthemmt!

Horoscope

Nun gibts unerbitterlich
ein Horoskop aus Widder-Sicht!

Der Widder-Mann ist unentbehrlich,
und in der Liebe immer ehrlich!
Dagegen ist die Widder-Maid
manchmal nicht so recht gescheit!

Der Fische-Mann hat meistens Schuppen,
und kratzt sich dann und wann beim Duppen!
Die Fische-Frau juckts dann und wann
beim sehenswerten Widder-Mann!

Für den Stier ist es 'ne Würze,
riecht er im Bett die eignen Fürze!
Die Stier-Frau macht sowas nicht an.
Steht auf den Duft vom Widder-Mann!

Der Krebs fühlt sich nur richtig frisch,
ist gut gedeckt der Mittags-Tisch!
Die Krebse-Frauen, die wolln' nur schlemmen,
wenn sie einen Widder kennen!

Den Wassermann, den Wassermann,
den macht nur Bier, nicht Wasser an!
Dies' ist der Wasser-Frau zu bitter,
drum sucht sie sich nen süßen Widder!

Der Skorpion lebt wie ein Hippie,
macht gerne auf der Wiese Pipi!
Frau Skorpion macht dies' nicht froh,
geht gern beim Widder auf den Klo!

Der Zwilling trinkt sehr gerne Wein
und ist deshalb oft nicht allein!
Die Zwilling-Frau mag lieber Sekt,
den ihr ein Widder aus dem Nabel schleckt!

Der Löwe wähnt sich voll im Saft,
wegen seiner überschüssigen Kraft!
Jedoch die Löwin wird wahrhaftig
nur bei 'nem Widder richtig saftig!

Der Waage-Mann kokst gern und kifft.
Seine Frau'n sind oft versifft!
Die Waage-Frau raucht dann und wann ...
nach gutem Sex beim Widder-Mann!

Der Schütze kriegt leicht weiche Knie,
steht eine Frau ihm vis á vis!
Das Schütze-Weibchen schmilzt dahin,
... kommt ihr ein Widder in den Sinn!

Den Jungfrau-Mann treibt's zum Gebet,
wenn die Sonne untergeht!
Die Jungfrau-Frau seufzt nur zum Himmel,
beim Anblick eines Widder-Lümmel!

Der Steinbock ist nicht gern allein,
drum singt er im Gesangsverein!
Die Steinbock-Frau ist immer fit,
sowohl im Kopf als auch im Schritt!

... das kriegt dann auch der Widder mit ... ! ! !

Der einsame Reiter!

Es ritt eines Tages ein Reiter
durch Schleswig Holstein und weiter.
Er gab seinem Pferd nicht die Sporen,
die hatte er kürzlich verloren.

Sein Ziel war eine Nette
üppig gebaute Brünette!

Die wollte er gerne besuchen.
Nicht nur wegen Kaffee und Kuchen!

Unterwegs traf er einen Juden,
dem wünschte er einen Guten.

Am Waldrand stand eine Maid,
auch jener bot er die Zeit.

Doch in Gedanken war er bei den fetten
Brüsten seiner Brünetten.

Bei einem Bauernhof, auf einer Leiter,
malochte ein Neger, ... ein Schwarzarbeiter.

So gegen Abend, kurz hinter Kiel
war unser Reiter dann endlich am Ziel.

Doch was er dann sah, traf ihn wie ein Hammer.
Sie hatte 'nen anderen Mann in der Kammer.

So nahm das Schicksal dann seinen Lauf.
Der Reiter machte einen drauf!
Er hatte sich dann mit Schnaps zugegossen
und im Vollrausch sein geliebtes Pferd erschossen!

Moral:

Ne tolle Frau besteht nicht nur
aus schönen Augen und Figur!

Denkt man nur mit dem Schniedelwutz,
kommt meistens der Verstand zu kurz ! ! !

Die Urinprobe

Bei meinem Arzt steht dann und wann
mal eine Untersuchung an!

Er prüft mein Blut und meine Leber ...
setzt meiner Pumpe nen Katheder ...
Die Schilddrüse und auch der Nacken,
... überall sucht er nach Macken!

Doch über eins kann ich nicht lachen,
ich soll ins Röhrchen Pipi machen!

Ich wehre mich mit Füß und Händen:
Kann ich die Urinprobe nicht senden?

Er meint: Was denkst du, was das kost',
so 'ne Urinprobe per Post?!
Ich sag, das ist für mich ein Klacks,
ich hab doch einen Pipi-Fax ! ! !

Armer, kranker Mann!

Polypen, Mumps und Masern
zermürben meine Fasern.
Dann Zwischenzehenpilz und Schuppen,
ja, es ist zum Mäuseduppen.
Husten, Harndrang, Blinddarmreizen,
jeden Tag die Nase schnäuzen.
Und zu allem Überfluss
auch noch Zahn- und Haarverlust!

Ich klag das Leben ja nicht an.
Ich bin halt eben ein kranker Mann!
Wenn morgens keine Sonne scheint,
dann fühl ich mich wie ausgebeint.
In dieser modernen Lodenhose
hängt mein Hoden viel zu lose.
Seid kurzem nun auch noch die Gischt.
... ja ja, dass überrascht mich nicht!

PS:
Womit er niemals Sorgen hatte,
das war seine prima Morgenlatte!

... neues von Gretchen !

Gretchen fängt nun an zu Fasten,
weil ihre Hosen nicht mehr passten.

Ob im Sitzen oder Stehn,
sie kann sich unten rum nicht sehn.

... sie kann sich nur ertasten!

Der Nagel

Dies' ist das traurige Ende von einem einst glücklichen Stahlnagel, welcher noch vor wenigen Jahren gut gelaunt mit seinen Artgenossen aus einer Dose in einem Baumarkt für 2,80 € seinem zukünftigen Besitzer zulächelte!

Sein Traum war es, irgendwann einmal dank seiner stechenden Kraft mit beizutragen zur Sicherheit der Verschalung tragender Wände.
Jedoch sein Leben nahm eine tragische Wende!

Immer wieder fühlte er sich wie auf den Kopf geschlagen.
Es war ein Jammer, ständig kam er unter den Hammer.

Vernachlässigt, jeder Witterung ausgesetzt und seiner Kontur missbraucht fand er sich dann im Walde wieder.
..... Des Winters Froste zwang ihn zum Roste!

In den folgenden Zeilen versuch ich bisweilen seine letzten Minuten mitzuteilen!

Unser rostiger Nagel steckte ganz stolz
in einem Baum ... und der war aus Holz!

Da flog ein Vogel heran voller Hast,
setzte sich auf den Nagel anstatt auf 'nen Ast!
Plötzlich hatte der Vogel,
man konnt' es nicht wissen
dem Baum doch glatt auf die Wurzel geschissen!

Dies' hatte dem Nagel zu sehr gerochen,
da ist er einfach abgebrochen!

... Einst dachte er, er wäre magisch.
Nun liegt er da .... wie tragisch!

Monster-Limerick!

Die Rosmarie aus Witten,
hatte Haare, gelb wie Quitten.

Wir saßen auf dem Canapé,
sie ließ mich nicht ihr Schamhaar sehn.

... ich musste sie erst bitten!

Eine Sofa - Feder zwickte
als ich Rosmarie beglückte.

Wir machten weiter dann im Stehn,
dies fand die Rosmarie sehr schön.

... bevor sie sich dann bückte!

Die Frau ließ sich dann richtig gehn.
Kurzum, ich konnte kaum noch stehn.

Rosmarie war aufgeputscht,
ich fühlte mich wie ausgelutscht.

... eine Ende war nun abzusehen!

Am nächsten Nachmittag, da saßen
zum Sonnenbad wir auf dem Rasen.

Plötzlich stach mich eine Biene.
Ich erschrak, verzog die Miene.

... Mariechen wollte sogleich blasen ! ! !

Wolkenbruch!
(... im Stil des 19. Jahrhunderts)

Wie in Fluten kommt der Regen
seit Minuten mir entgegen.

Dort bei der Pfütze liegt 'ne Mütze.
Ob sie mich vorm Regen schütze?

Tja, eigentlich ist es das Beste ...
ich such' Schutz dort im Geäste!

So verharre ich dem Schauer,
ist er nur von kurzer Dauer.

Bald schon ziert das Firmament
ein Regenbogen vehement!

Sonne streichelt nun mein Haupte,
wo ich noch den Regen glaubte!!!

Limerick

Mein Freundin, die Galina
braucht stets viel Luft an der Vagina.

Deshalb zieht sie nur dann und wann
mal eine Unterhose an.

... nun liegt sie flach mit 'ner Angina!
      (vagina pectoris)

Leben und Tod!

Petrus saß am Himmel-Tor
und las etwas von Simmel vor!

Dies' ließ die Engel hinterfragen:
Was will er uns denn damit sagen?

Nun ja, sprach er. Auch große Dichter
sind vor dem Herrn nur kleine Lichter!

Von Goethe, Schiller, Kafka, Freud
steht vieles noch geschrieben heut!

Auch Heinz Erhardt lebt nicht mehr, wie schade
unvergessen seine "Made"!

Doch sind wir auch im Geiste reich,
am Ende sind wir alle gleich!

Auch Größen aus Politik und Sport
leben weiter in den Menschen fort!

Der kleine Mann wird unterdessen
nach ein paar Wochen schon vergessen!

Doch, ob berühmt ob unbekannt.
Im Himmel reicht man sich die Hand!

Für wahr, es kann auf dieser Erden
niemand <u>wirklich</u> unsterblich werden ! ! !

Spätvorstellung!

Ich sitze im Kino mit meiner Viola.
Ich trink Cappuccino und sie eine Cola!

Fifty Shades of Grey
läuft derweil auf der Leinwand.
Der Film ist halbwegs okay,
ich hab keinen Einwand.

Was mich zusätzlich reizt
... ich stehe in Flammen,
Viola hat die Beine gespreizt,
... also nicht zusammen!

Ich greife ihr keck mal unter den Rock,
worauf sie meint: Finger weg, alter Bock!

Ich sage ihr, es würde mich jucken,
worauf sie meint: Lass doch mal gucken!

Viola weiß, warum ich so qualme.
Sie sagt: Ohne Scheiss, du hast eine Palme!

In ihrer Jackentasche hat die Viola
für solche Momente immer Linola!

Viola meint noch leicht versaut:
Linola hilft bei straffer Haut!

Anschließend reibt sie mich dann ein,
und alles fällt gleich in sich ein!

Ich sag geschwind noch: Danke Lino,
... schließlich sind wir hier im Kino!

Viola fühlte sich weiter fit,
sowohl im Kopf als auch im Schritt!

Als dann der Film eine Ende hatte,
gabs statt Cappuccino Latte!

Sie sagte:
Fessel mich, mein großer Schinder!
Ich fragte:
Mit Kabel- oder Soßenbinder?

... neues von Gretchen!

Das Gretchen trinkt sehr gerne Wein.
Es kann auch mal 'ne Flasche sein.

Doch kippt sie zwischendurch 'nen Kurzen,
dann muss sie unwillkürlich furzen.

... drum lässt sie Schnaps dann schon mal sein!

Historischer Vierzeiler

Napoleon saß auf dem Klo,
kurz vor der Schlacht zu Waterloo.

Er dachte ... bald bin ich der Große.
Das ging dann später in die Hose ! ! !

Der Westerwälder Weihnachtsmann!

Vom Westerwald,
da komme ich her,
meine Füße sind kalt
und die Beine so schwer.

Bin durch Wälder geritten,
über Pfosten und Stufen.
Schon alt ist mein Schlitten,
verrostet die Kufen.

So geht das jeden Winter,
jedoch ich gedenke:
Ich hab' für die Kinder
wieder schöne Geschenke.

Zudem etwas gibt's
für die Mütter und Väter.
Für Papa 'nen Schlips
und für Mama 'nen Bräter.

Ich muss leider weiter.
Meine Verehrung!
Bleibet lustig und heiter
auch nach der Bescherung.

Die Rolshoven-Studie

Man stelle sich vor, das Leben beginnt mit der Beerdigung!
Man wird am Friedhof mit dem Sarg abgeholt, und in die Kirche gefahren.
Dort entsteigt man dem Sarg, begleitet von der Gemeinde bei dezenter Kirchenmusik.
Nun lernt man seine Familie bis hin zu den Enkelkindern kennen.
Fortan bezieht man vom Staat Begrüßungsgeld (Rente).
Mit den Jahren lockert sich das Gebiss, weil plötzlich Zähne drunter sind. Die letzten Haarlücken wachsen nun zu.
Aus altem Leder wird plötzlich straffe Haut.
Das Berufsleben ist vergangenheitsorientiert.
Das Handy weicht dem Tastentelefon.
Anstatt des Computers ist die Schreibmaschine wieder angesagt. Fett schreibt man plötzlich mit **'U'**.
Aus Flensburg kriegt man den Führerschein geschickt.
Jahre später lernt man dann Auto fahren ....
Dann macht man eine Lehre in einem Beruf, den man nie ausgeübt hat.
In dieser Zeit kommt es nun zum Ersten/Letzten Geschlechtsverkehr.

Nun kommt es zu einer kritischen Phase:
Plötzlich hat man keine Haare mehr am 'Sack'.
Selbige bilden sich auch in den Axelhölen zurück.

Zuletzt durchläuft man seine Schulzeit, den Kindergarten, und endet in der Mutter! !

Schlusswort:
Aus männlicher Sichtweise wäre diese Art des Lebens gedanklich durchaus nachvollziehbar.
Ist es doch zeitlebens unser Bestreben,
 in eine 'Mutter' zu gelangen ...!

Zwischen den Jahren!

Nach Weihnachten holt Santa Claus
wie jedes Jahr den Manta raus.
Bis Sylvester fegt er rum.
So manche Maid, die legt er um.
An Neujahr wäscht er seinen Lümmel,
und dann gehts zurück zum Himmel!

Oh holde Nachbarin!

Meine Nachbarin Renate,
die hat 'ne tolle Hasenscharte.

Nicht nur beim Laufen und beim Gehen,
sie transpiriert sogar im Stehen.

Ihre Zähne, welch ein Spaß
legt sie nachts ins Wasserglas.

Ist sie zu schwer, macht's nur klipp klapp,
schon ist die Beinprothese ab.

Die meisten Mädels find' ich fade,
es ist nicht jede wie Renate!!

Der Großkotz!

Es war ein Abend an Sylvester.
Ich trug ein Sakko aus Polyester!

Aus Baumwolle der Kragen.
Das ließ sich so ganz gut ertragen!

Ringsum hörte ich die Leute sprechen
von ihren Wünschen und Gebrechen!

Dann sah ich plötzlich die adrette,
jedoch leicht eingebildete Anette.
Ich sprach: Anette, altes Haus,
du siehst ja ganz bezaubernd aus!

Leicht eingelullt, wie sie nun war,
schleppte ich sie an die Bar!

Dort fragte mich dann die Anette:
Ob ich denn keine Freundin hätte.

Ich sprach: Ich spare meinen Samen
nur für die wirklich wahren Damen!

Wenn ich mich umschau, sprach ich dann,
fass' ich auch heute keine an!

Das klang wohl alles etwas kotzig.
So wurde die Anette motzig.
Dann meinte sie: Mein Bester,
ich steh' nicht auf Polyester!

So machte ich mich von der Weide.
Versuch's demnächst einmal mit Seide!

Mahlzeit!

Kartoffelbrei und Sauerkraut,
das hatt ich mir erworben.
Dazu ein Rippchen aufgetaut
... ich wär fast dran gestorben.

Mein Magen hat fortan gebläht,
ich fing schon an zu schwitzen.
Beinahe war es schon zu spät,
kam noch am Klo zum Sitzen.

Das hatte ich noch nie erlebt,
das Essen man so schnell verdaut.
Und wenn ihr mit Millionen gebt,
nie wieder ess ich dieses Kraut!

Kohldampf!

Ein Kasseler und 'ne Kohlroulade,
die hatte ich im Bräter.
Das Kasseler aß ich sofort,
die Kohlroulade später!

Limerick!

Die dicke Beate aus Hessen,
die konnte den ganzen Tag essen.

Es durfte nur nichts aus Gläsern sein,
da kam sie mit dem Kopf nicht rein.
... das konnte Beate vergessen!

Limericks!

Neulich fragte ich die Manja:
Warum hast du nie 'nen Mann da?

Sie meinte, weil die Männer stinken,
und manchmal wie die Penner trinken.

... dann traf sie sich mit Anja!

Da war dann noch die Jutta.
Frisch liiert, und zweimal Mutter.

Stets 'nen Spruch auf ihren Lippen,
und zwei Zentner auf den Rippen.

... sie war halt gut im Futter!

Nachgedacht?!

Wäre ich nur Landwirt geworden ....

... dann könnte ich schon morgens die Sau raus lassen ! ! !

So bin ich!

Du möchtest wissen, wie ich bin?
Ein Buch, das stetig offen.
Nach Ehrlichkeit steht mir der Sinn,
möchts auch von ander'n hoffen.

Karriere interessiert mich nicht,
bin nur ein kleines Rädchen.
Doch siehst du mich im rechten Licht,
so folg' ich dir, mein Mädchen.

Ich bin ein stiller, ruhiger See,
fernab von allen Quellen.
Doch tut man mir im Herzen weh,
dann schlag ich schon mal Wellen.

PS: Nur, wer diese Zeilen ehrt,
ist meiner Gunst auch wirklich wert!

(Im Stil von Heinz Erhardt ...)

Am Waldrand steht eine Buche,
jedoch ich versuche
sie zu umgehen.
Sonst blieb ich ja stehen ... ?!

Aus Fehlern lernen!

Kürzlich ..., auf ein Inserat,
das ich hatt' gelesen,
sich eine Dame melden tat,
die aus Koblenz war gewesen.

Ihre freundlich-nette Stimme
war mir von Anfang an gewogen.
Ich fühlte mich in diesem Sinne
gleich zu ihr hingezogen.

Zuerst war ich noch leicht verlegen.
Sagte: Der Udo, der bin ich!
Anita, hauchte sie entgegen,
so nennen meine Freunde mich!

So redeten wir dann zwei Stunden.
Halt über uns, ... jeweils das Kind.
Und das wir beide ungebunden,
und nun wieder zu haben sind!

Das wir uns treffen wollten,
das war uns fortan klar.
Das es nicht soweit kommen sollte,
einzig allein mein Fehler war!

Nach zwei Tagen wieder,
rief ich bei ihr an.
Doch es war anstatt Anita
der Anrufbeantworter dran.

Ich hatte zweifelsohne,
dumm wie ich manchmal bin,
schon leicht "einen in der Krone"
und redete ohne Sinn.

Vom Einkauf voll die Taschen,
rief sie mich später an.
Hat mir den Kopf gewaschen.
Kurzum .... das war es dann!

Nun werd' ich nie erfahren,
ob sie die Frau wohl ist,
welche ich schon seit Jahren
gesucht hab' und vermisst.

Ich werde mir Mühe geben,
zu bessern meine Art.
Und hoff', dass mir das Leben
doch noch die "EINE" offenbart!

Zitat!

Jeder Mensch ist etwas Besonderes!
Jeder auf seine Art.
Deshalb sollten wir unserem Nächsten
mit Achtung und Einfühlsamkeit gegenübertreten!

Sehnsucht!

Noch einmal auf der Parkbank sitzen .....
voller Erwartung ein wenig schwitzen!

Noch einmal Schmetterlinge fühlen .....
mit Amorpfeilen auf sie zielen!

Noch einmal hoffend denken müssen .....
kann ich sie bald wieder küssen?

Noch einmal vor der Frage stehn .....
werd' ich sie bald wiedersehn?

Noch einmal in zwei Augen blicken .....
die mich immerzu beglücken!

Noch einmal Gefühle erleben,
verlang ich zu viel?
Dies' ist für mich eben
sowohl Hoffnung als auch Ziel ..... ! ! !

An (m)eine (Un)Bekannte!

Das drüben vom Westerwald,
da bin ich her.
In meinem Herzen ist es
so kalt und so leer.

Von lieblichen Träumen
ernähre ich mich.
In all meinen Räumen
vermisse dich.

Liebreizendes Wesen,
noch kenne ich dich nicht,
doch mein Herz wird genesen,
sehe ich erst dein Gesicht!

Ich hoffe dieses Buch hat Ihnen etwas
gebracht ...
mit hat es jedenfalls viel Spaß gemacht!

Ihr

Udo Rolshoven